Helga Schepp

Teddybären selber machen

Inhalt

5 Vorwort

**6 Kapitel 1:
Kleine Materialkunde**
6 Stoffe
8 Gelenke
9 Füllmaterial und Stimme
10 Augen
10 Stickgarn
11 Nadel, Faden und Werkzeug

**12 Kapitel 2:
Das Bärenmachen**
12 Das Zuschneiden
12 Das Stecken
13 Das Nähen
15 Das Einsetzen und Montieren der Gelenke
15 Das Stopfen

**16 Kapitel 3:
Verschiedene Schnitte und Gesichter**
18 Der Kopf
22 Die Ohren
24 Der Körper
27 Die Arme
31 Die Beine
34 Das Gesicht

**37 Kapitel 4:
Fünf Teddybären als Beispiele**

Vorwort

Sie werden vielleicht fragen: Gibt es denn zum Thema „Teddybären selber machen" nicht schon genug Lektüre? Bücher, Vorlagenmappen, die vielen verschiedenen Teddymagazine, die weltweit verlegt werden, und selbst Frauenzeitschriften beschäftigen sich ja schon mit diesem Hobby. Wie man einen Teddy zu nähen hat, ist doch nun wirklich kein Geheimnis mehr.

Ich will Ihnen gern den Grund nennen, was mich dazu bewogen hat, noch ein weiteres Anleitungsbuch zu schreiben. Es waren die vielen neugierigen Fragen der Bären-Macherinnen und -Macher, die ihre ersten Teddys erfolgreich fertiggestellt hatten, den Schritt in die nächste „Teddy-Dimension" aber allein nicht gehen konnten. Die nächste Dimension, die über das Nacharbeiten von vorgegebenen Teddys hinausgeht, ist das Variieren verschiedener Schnitte und unterschiedlicher Ausdrucksformen, die Antwort auf die Frage: „Wie schafft man es, aus einem Grundschnitt einen eigenen Charakterbären zu zaubern?"

Dieses Buch zeigt dem fortgeschrittenen Teddymacher, wie er verschiedene Teddyschnitte miteinander kombinieren kann. Durch die grundsätzlichen Erläuterungen zum Teddymachen in Kapitel 1 und 2 wird es aber auch dem Anfänger problemlos möglich sein, Teddybären selber zu nähen und sich an Variationen heranzuwagen.

Auf den folgenden Seiten gibt es also eine komplette Anleitung für einen Teddy in der Größe von ca. 25 cm. In den verschiedenen Kapiteln werde ich speziell auf jede einzelne Komponente eingehen, die für den Teddy wichtig ist. Sie finden in diesem Buch zum Beispiel fünf verschiedene Kopf-Formen und fünf verschiedene Bein-Formen, die Sie an fünf verschiedenen Körper-Formen ausprobieren können usw. Die Schnitte und Hinweise, z. B. zum Einsetzen der Augen oder Sticken der Nase, beziehen sich immer auf einen Teddy von 25 cm Größe. Alles ist kompatibel. Aus den vielen Möglichkeiten habe ich Ihnen als Beispiel fünf Bären zusammengestellt. Dabei habe ich ganz bewußt auf Variationen des Fells verzichtet, um die Eigenarten der unterschiedlichen Schnitte deutlich werden zu lassen.

Es ist ja nun mal das liebe Lächeln, der tiefe Blick und der unverwechselbare Gesamtausdruck des Bären, der uns Teddy-Liebhaber fasziniert.

Also, viel Spaß beim Ausprobieren der vielen kleinen Tips und Tricks, die Ihnen hoffentlich weiterhelfen auf Ihrer Reise in die neue „Teddy-Dimension".

Mit bärigen Grüßen

Helga Schepp

Kleine Materialkunde

Beim Teddymachen ist es ähnlich wie beim Kochen: Wenn man nichts Gutes in den Topf hineingibt, kann auch nichts Gutes herauskommen. Wählen Sie daher bitte sorgfältig das Material aus, das Sie verarbeiten möchten. Berücksichtigen Sie, daß besonders schönes und hochwertiges Material zwar seinen Preis hat, aber entscheidend dazu beiträgt, einen Teddybären mit einzigartiger Ausstrahlung zu schaffen.

Stoffe

Wichtigster Bestandteil des Teddys ist der Stoff. Dieser kann eine Mohairqualität sein, aber auch Baumwolle, Kunstfaser oder edle Alpaka- bzw. Seidenmischungen. Mohair ist meines Erachtens das sinnvollste Material, weil es klassisch und ausdrucksvoll, aber auch strapazierfähig ist. Bitte achten Sie beim Kauf darauf, daß die Stoffe gewebt und nicht gewirkt sind und daß der Stoffrücken verleimt ist. Dann hat der Stoff die nötige Festigkeit und Formbeständigkeit.

Man bekommt Mohairqualitäten in fast allen Farben, kann diese aber auch selber einfärben. Bei den sogenannten gespitzten Stoffen haben die Florspitzen eine andere, meist dunklere Farbe.

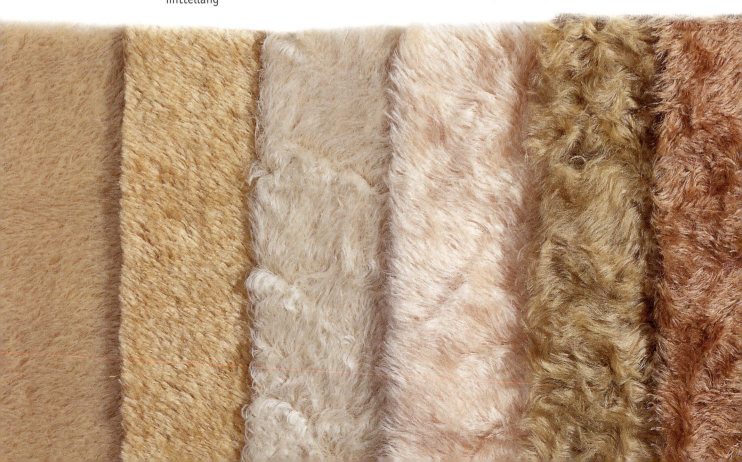

Wolle   Mohair, glatt, mittellang   verschiedene geknautschte Mohaire

Kleine Materialkunde | 7

Wollfilz (links oben), Velour-Plüsch (rechts oben) und Velourleder-Ersatz (rechts unten)

Sehr beliebt sind Einfärbungen, bei denen der Stoffrücken eine andere Farbe hat als der Flor. Der Flor kann sehr dicht, mitteldicht oder licht (= sparse) sein. Die Sparse-Qualitäten geben dem Bären ein Aussehen, als sei er schon alt und abgespielt. Dieser Effekt kann stellenweise durch zusätzliches Auszupfen des Flors noch unterstützt werden. Außerdem gibt es verschiedene Ausrüstungen des Flors, etwa gewirbelt, geknautscht, gelockt und natürlich wieder Mischungen von alledem.

Sehr dichte und kurze Stoffe verwendet man für Miniatur-Bären und auch für die Schnauzen. Grundsätzlich soll die Florlänge des verarbeiteten Stoffes mit der Größe des Teddys wachsen. Bei zu kurzem Fell wirken die Bären nackt. Im übrigen können sehr schöne Effekte erzielt werden, indem man verschiedene Stoffqualitäten und -farben an einem Teddy verarbeitet, zum Beispiel ein andersfarbiger Bauch, eine kurzhaarige Schnauzenpartie, ein langhaariges Kopf-Mittelteil oder dunkle Augen-Partien (für einen Panda-Bären).

Für die Pfoten bieten sich ebenfalls verschiedene Stoffarten an: der traditionelle Filz, der leicht zu verarbeitende Velourleder-Ersatz, das strapazierfähige Leder oder Velour-Plüsch (Miniaturen-Velour). Beliebt ist auch das Verarbeiten des Mohairstoffes vom Körper, dann allerdings so, daß die Rückseite sichtbar ist.

Schnauzenmohair, kurz — Baumwolle — Sparse-Mohair, kurz — Sparse-Mohair, lang — Mohair, geknautscht — Alpaka-Mohair, gespitzt

Gelenke

Die Gelenke machen unseren Teddy beweglich.

Die Verarbeitung von Lederpappscheiben in Verbindung mit Eisensplinten und Metall-Beilagscheiben ist die traditionelle Art der Montage: einfach und dauerhaft. Lederpappscheiben gibt es in fast allen Größen. Ein Splintgelenk besteht aus dem Splint, zwei Beilagscheiben und zwei Pappscheiben.

Natürlich können Sie auch Holzscheiben mit Schrauben und Muttern verwenden; dann ist jedoch darauf zu achten, daß die Mutter entweder gut verklebt wird oder durch eine zweite Mutter gekontert wird, da sich sonst die Gelenke durch die Bewegung sehr rasch lösen können.

Für Bären, die in Kinderhände gelangen sollen, bieten sich Plastik-Gelenksätze an, die auch meistens bei der industriellen Fertigung von Teddys eingesetzt werden. Diese Gelenke haben den Vorteil, daß sie die Sicherheitsbestimmungen erfüllen und maschinen-waschbar sind.

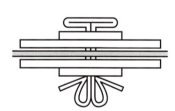

Kunststoff-Sicherheitsgelenke (oben), Lederpappscheiben (Mitte), Metall-Beilagscheiben (unten links) und Splinte (unten rechts)

Füllmaterial und Stimme

Zum Ausstopfen der Teddybären bieten sich ebenfalls verschiedene Materialien an. Jedes Material beeinflußt auf unterschiedliche Weise den Charakter des Bären. Klassisch, wenn auch ein wenig staubig, ist das Stopfen mit feiner Holzwolle. Mit Holzwolle gestopfte Bären sind sehr leicht und lassen sich auch nachträglich noch gut formen.
Schafwolle oder Kapok (= Fasern aus dem Innern des Wollbaumes) sind eine gute Alternative für die naturbewußten Teddyfreunde. Am beliebtesten unter den Teddykünstlern ist die Polyester-Füllwatte. Diese läßt sich sehr fest verarbeiten und man kann ausgefeilte Schnitte hervorragend herausarbeiten.
Schöne Effekte lassen sich auch mit Granulat erzielen, egal, ob aus Kunststoff, Glas oder Metall. Die kleinen Kügelchen geben dem Teddy ein hohes Gewicht und auf besondere Weise eine Art von Leben, allerdings behält der Teddy mit Granulatfüllung keine feste Form. Das Granulat sollte aus Sicherheitsgründen möglichst in Säckchen eingenäht werden, bevor es in den Teddykörper kommt.

Brummstimme (oben) und Druckstimme (unten)

Wenn Ihr Teddy sprechen soll, müssen Sie, während Sie ihm den Bauch stopfen, eine Stimme einsetzen. Am gebräuchlichsten sind:

◆ die normale Brummstimme (eine Dose von ca. 5 cm Höhe und 4 cm Durchmesser, die auf Bewegung reagiert)

◆ und die Druckstimme.

Schafwolle und Polyester-Füllwatte (oben), Granulat und Holzwolle (unten)

Augen

Die Augen eines Teddys sind entweder aus Glas oder aus Kunststoff. Teddykünstler bevorzugen Glasaugen, denn sie sind viel ausdrucksstärker. Zudem haben sie den Vorteil, daß man sie in den bereits gestopften Kopf einziehen kann und damit die Möglichkeit hat, noch ganz zum Schluß die Augenstellung zu variieren.

Glasaugen in zweierlei Größen, mit Öse

Kunststoff-Sicherheitsaugen werden bereits vor dem Stopfen endgültig montiert und können nachträglich nicht mehr versetzt werden. Wenn der Teddy allerdings für ein Kleinkind bestimmt ist, sollten immer Sicherheitsaugen eingesetzt werden, Ausdruck hin, Variation her.

Farblich bieten die Glasaugen ebenfalls ein breites Spektrum. Mit einem Angebot von klassisch schwarz über braun mit schwarzer Pupille bis hin zu grün und blau hat der Künstler fast die freie Auswahl.

Ganz wichtig für den Charakter des Teddybären ist neben Farbe und Plazierung auch die Größe der Augen. Kleine Augen in einem großen Kopf lassen den Teddy sehr „erwachsen" aussehen, große Augen in einem relativ kleinen Kopf lassen den Bären eher „babyhaft" wirken.

Eine nützliche Hilfe beim Aussuchen der richtigen Augen und der richtigen Plazierung sind sogenannte Positionsaugen. Diese Augen haben hinten keine Ösen, sondern Nadeln. So können Sie ganz einfach verschiedene Augenvarianten ausprobieren. Ein Set Positionsaugen besteht aus fünf Augenpaaren in den Größen 6, 8, 10, 12 und 14 mm Durchmesser. Dieses sinnvolle Handwerkszeug finden Sie im guten Fachhandel.

Stickgarn

Für das Sticken der Nase und des Mundes können Sticktwist, Perlgarn in verschiedenen Stärken oder Stopfgarn verarbeitet werden. Die Wahl des Garnes ist abhängig von der Größe des Teddys. Traditionell ist die Farbe der Nasen schwarz oder braun; aber auch hier setzen manche Bärenmacher auf Farbe. Erlaubt ist, was gefällt. Vor der Verarbeitung kann man das Stickgarn mit Wachs einreiben. Die Teddy-Nase bekommt dadurch einen dezenten Glanz.

Sticktwist und Perlgarn Nr. 3

Nadel, Faden und Werkzeug

Die meisten Teddy-Liebhaber nähen ihre Bären mit der Nähmaschine, wenn Sie aber lieber von Hand nähen möchten, geht das natürlich genauso.

Was Sie sonst noch zur Fertigstellung eines Teddybären benötigen:

- Dorn
- Drahtbürste
- Schwarzer Filzstift
- Weicher Bleistift
- Knopfloch-Untergarn
- Besonders festes Nähgarn (Sternchen-Zwirn)
- Nahttrenner
- Kurze Spitzzange
- Stopfholz (z.B. Holzlöffel)
- Scharfe, spitze Schere
- Spezialnadel, 20 cm lang
- Lange Sticknadel mit Spitze
- Stecknadeln
- Fester Karton

Das Bärenmachen

Das Zuschneiden

Übertragen Sie den von Ihnen gewünschten Schnitt auf einen festen Karton und schneiden Sie die einzelnen Teile sorgfältig aus. Zeichnen Sie die Pfeile, die den Stoffverlauf angeben, die Montagepunkte für andere Körperteile und etwaige Abnäher mit in die Schablonen ein (siehe Foto, Seite 11).

Nun legen Sie den Stoff mit der linken Seite nach oben auf eine Arbeitsfläche. Damit Sie immer daran erinnert werden, in welche Richtung der Flor fällt, machen Sie sich auf der Rückseite des Stoffes mit einem Filzstift (oder auch mit Schneiderkreide) einen kleinen Pfeil. Der Pfeil zeigt in die Richtung, in die sich der Flor glattstreichen läßt. Wenn Sie sich unsicher sind, streichen Sie mit der Hand in verschiedene Richtungen über das Fell.

Die einzelnen Zuschnitte legen Sie jetzt stoffsparend in der entsprechenden Pfeilrichtung auf den Stoff und übertragen mit einem dicken Filzstift den Schnitt mit allen Markierungen. Manche Schnitteile müssen Sie mehrmals übertragen. Bitte beachten Sie, daß es manchmal einen rechten und einen linken Zuschnitt gibt, Sie die Schablone also einmal umdrehen müssen.

Nun können Sie mit dem Ausschneiden beginnen. Grundsätzlich ist folgendes zu beachten: Sie müssen mit einer kleinen scharfen Schere arbeiten, denn Sie dürfen nur durch den Stoff und nicht durch den Flor schneiden. Warum? Wenn Sie den Flor mit durchschneiden, werden die Nähte Ihres Teddys immer deutlich sichtbar sein. An den Stellen fehlt ganz einfach das Fell. Es gibt auch keinen Trick, mit dem man einen solchen Mangel später noch korrigieren könnte. Mit dem unteren Schenkel der Schere drücken Sie in einem kleinen Winkel gegen den Stoffrücken. So schieben Sie die Schere sicher durch den Flor, ohne diesen beim Schneiden zerstören zu können.

In den Schnittmustern in Kapitel 3 ist keine Nahtzugabe enthalten. Wenn Sie einen dicken Filzstift (ca. 4 - 5 mm) beim Übertragen des Schnittes auf den Stoff benutzen und anschließend immer an der Außenkante der Markierung entlangschneiden, haben Sie die richtige Größe. So ist gewährleistet, daß die einzelnen Teile genau zusammenpassen. Natürlich können Sie auch eine größere Nahtbreite (bis zu 10 mm) zugeben; halten Sie sich nur exakt an die einmal gewählte Breite.

Wenn Sie den Stoff zugeschnitten haben, legen Sie den Teddy einmal zusammen, um zu prüfen, ob alle Teile vorhanden sind.

Ich möchte Ihnen nicht den Spaß an der Arbeit nehmen, aber bitte achten Sie von Beginn an auf Genauigkeit. Selbst Abweichungen von wenigen Millimetern beim Aufmalen, Zuschneiden oder Nähen verändern die Proportionen Ihres Teddys.

Das Stecken

Alle zugeschnittenen Teile, die zusammengehören, müssen nun vor dem Nähen mit Stecknadeln sorgfältig zusammengesteckt werden. Weil später mit der Nähmaschine über diese Nadeln hinweg genäht wird, sollten die Stecknadeln sehr fein sein.

Zum Stecken legen Sie die entsprechenden Zuschnitte mit der rechten Seite aufeinander und stecken im Abstand von ca. 1 cm die Stecknadeln rechtwinklig zur Schnittkante ein.

Grundsätzlich gilt: Sie fixieren zunächst die äußeren Punkte einer Naht und arbeiten dann abwechselnd zur Mitte hin. Damit ist gewährleistet, daß die Stoffteile gleichmäßig aufeinanderliegen.

Das Nähen

Beim Nähen sollten Sie mit einer Stichlänge von ca. 1 mm arbeiten. So entsteht eine feste Naht, die beim späteren Stopfen nicht aufbrechen kann.

An den roten Linien in den Schnittmustern nähen Sie zunächst nicht. Diese Öffnungen werden erst nach dem Wenden und Stopfen geschlossen.

Die optimale Naht verläuft ca. 4 mm von der Außenkante des Stoffs entfernt. Prüfen Sie jede Naht sofort auf Festigkeit. Wenden Sie anschließend die Teile und formen Sie die Nähte in allen Ecken und Rundungen gut aus.

Was Sie bei einzelnen Schnitten besonders beachten müssen, erfahren Sie bei den entsprechenden Schnittteilen im Kapitel 3.

Das Nähen des Kopfes

Zuerst werden die beiden Kopf-Seitenteile aufeinandergelegt, und die Kinn-Mittelnaht (zwischen Nasenspitze (= Markierung A im Schnittmuster) und Halsansatz) wird gesteckt und genäht.

Nun stecken Sie eine Seite des Kopfmittelteils mit dem entsprechenden Kopfseitenteil zusammen. Sie beginnen an der Nasenspitze zu nähen und enden im Nacken. Ebenso arbeiten Sie auf der anderen Seite.

Das Nähen der Ohren

Stecken Sie je ein Ohr-Vorder- und ein Ohr-Rückteil rechts auf rechts zusammen und schließen Sie die runden Außennähte. Wenden Sie die Ohren. Sie können den Ohren auch mit etwas Füllmaterial mehr Volumen geben.

Die Ohren werden zum Schluß an den fertig gestopften Teddy-Kopf angenäht. Fixieren Sie die Ohren mit Stecknadeln am Kopf.
Mit feinen Stichen befestigen Sie nun zunächst von hinten das Ohr-Vorderteil am Kopf. Anschließend nähen Sie das Ohr-Rückteil fest. Selbstverständlich müssen die Ohren exakt symmetrisch am Kopf angebracht werden.

Das Nähen der Arme

Wenn Ihr Teddy angesetzte Pfoten in einem anderen Stoff bekommt, stecken und nähen Sie zuerst die Pfoten an die Arm-Innenteile von Markierungspunkt C nach D.

Bei einem zweiteiligen Schnittmuster stecken Sie Arm-Innen- und -Außenteile rechts auf rechts zusammen und nähen von Markierungspunkt A nach B.

Bei einem einteiligen Schnittmuster falten Sie den Stoff rechts auf rechts an der gestrichelten Linie, stecken die Naht zusammen und nähen von Markierungspunkt A nach B.

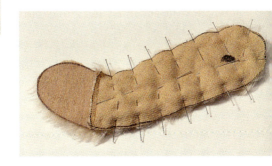

Das Nähen der Beine

Bei einem zweiteiligen Schnittmuster stecken Sie die Bein-Innen- und -Außenteile rechts auf rechts zusammen und nähen von den Markierungspunkten A nach B und C nach D.

Bei einem einteiligen Schnittmuster falten Sie den Stoff rechts auf rechts an der gestrichelten Linie, stecken die Naht zusammen und nähen von Markierungspunkt A nach B.

Nun können die Sohlen eingenäht werden: Das Einstecken der Sohle beginnt an den Markierungen A und C (im Schnittmuster). Von dort aus arbeiten Sie an beiden Kanten zur Mitte hin. Die Stecknadeln stecken Sie waagerecht zur Sohle. Nähen Sie die Sohlen an beiden Beinen rundum ein.

Das Nähen des Körpers

Bei einem zweiteiligen Körper stecken Sie zunächst die beiden Körperteile rechts auf rechts zusammen. Dann nähen Sie von dem Markierungspunkt A im Rücken über den Bauch zum Markierungspunkt B.

Bei einem vierteiligen Körper werden zuerst die beiden Bauchteile und anschließend die beiden Rückenteile separat (von den Markierungspunkten A bis B) zusammengenäht. Dann werden Bauch und Rücken rechts auf rechts zusammengesteckt und die Seitennähte geschlossen.

Wenn der Körper einen Abnäher bekommen soll, schieben Sie die beiden Körperhälften dort ein wenig ineinander, so daß Sie die angezeichneten Abnäher anbringen können.

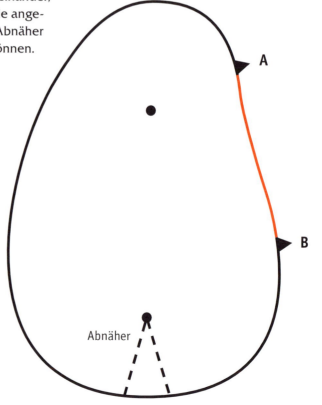

Das Einsetzen und Montieren der Gelenke

Arme und Beine

Für die Gelenke bohren Sie mit dem Dorn Löcher an den markierten Stellen von Armen, Beinen und Körper vor.

Schieben Sie eine Beilagscheibe aus Metall und eine Holz- oder Pappscheibe auf einen Splint oder eine Schraube. (Hinweise zu den verschiedenen Gelenkvarianten finden Sie auf Seite 8.) Nun führen Sie Splint oder Schraube von innen nach außen durch das Loch im Arm bzw. Bein. Die Pappscheibe schieben Sie dabei hoch in die Rundung des Armes bzw. des Beines.

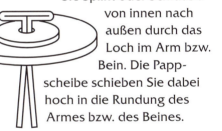

Nun können Arme und Beine an den noch nicht gestopften Körper montiert werden. Dazu führen Sie den Splint oder die Schraube an Arm bzw. Bein durch das entsprechende Loch des Körpers nach innen und stecken von innen erst eine Pappscheibe und dann eine Metallscheibe darauf. Zum Schluß biegen Sie mit der Spitzzange jede Seite des Splintes um bzw. bringen eine Mutter auf dem Ende der Schraube an.

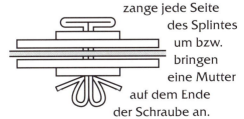

Kopf

Den Teddykopf müssen Sie vor dem Montieren fest stopfen. Ziehen Sie danach einen starken Zwirn als Reihfaden um die Halsöffnung ein. Jetzt setzen Sie ein Gelenkteil, bestehend aus Splint oder Schraube, Metallscheibe und Pappscheibe, in die Halsöffnung ein. Ziehen Sie den Reihfaden an und verschließen Sie damit die Öffnung. Nur das Schrauben- oder Splintende steht noch nach draußen. Verknoten Sie den Faden mehrmals sorgfältig.

Nun kann der Kopf an den noch nicht gestopften Körper montiert werden. Bohren Sie mit dem Dorn wieder ein Loch an der markierten Stelle am Körper vor. Setzen Sie den Kopf so auf den Körper, daß der Splint von außen durch das Loch in den Körper geführt wird. Nun legen Sie von innen, wie bei den Armen und Beinen, erst eine Pappscheibe und dann eine Metallscheibe über den Splint/die Schraube und befestigen Sie das Ganze wie gewohnt.

Das Stopfen

Stopfen Sie grundsätzlich mit kleinen Portionen des Füllmaterials und mit viel Gefühl, aber dennoch fest. Überprüfen Sie ständig mit beiden Händen die Festigkeit des Teils und stellen Sie sicher, daß keine Hohlräume zurückbleiben.

Zunächst stopfen Sie den Kopf. Dann setzen Sie die Gelenkscheiben ein und montieren den Kopf auf dem Körper.

Körper, Arme und Beine werden erst gestopft, nachdem die Gliedmaßen montiert sind. Die Stopföffnungen schließen Sie von Hand mit Matratzenstichen. Stopfen Sie noch kleine Mengen Füllmaterial nach, während Sie die letzte Naht schließen, damit sich darunter keine Delle bildet.

Beim Kopf beginnen Sie in der Nasenspitze zu stopfen, bei Armen und Beinen jeweils in den Pfoten und beim Körper in Schulter und Po. So ist gewährleistet, daß Gliedmaßen und Körper gleichmäßig ausgefüllt werden.

Wenn Sie eine Stimme einarbeiten möchten, fügen Sie diese in die Mitte des Bauches beim Stopfen mit ein. Bei der Brummstimme zeigen die Löcher nach oben, die Druckstimme wird so in den Körper gelegt, daß man sie von außen durch Drücken des Bauchs betätigen kann.

Verschiedene Schnitte und Gesichter

Auf den folgenden Seiten stelle ich Ihnen vor:

- 5 verschiedene Kopf-Schnitte
- 5 verschiedene Ohren-Schnitte
- 5 verschiedene Körper-Schnitte
- 5 verschiedene Arm-Schnitte
- 5 verschiedene Bein-Schnitte
- 9 verschiedene Augen-Varianten
- 5 verschiedene Nasen-Formen
- 5 verschiedene Schnauzen-Formen

Wenn Sie alle angeführten Variationsmöglichkeiten nutzen und obendrein noch mit verschiedenen Stoffen experimentieren würden, könnten Sie tatsächlich über 700.000 unterschiedliche Teddys anfertigen, wobei nicht ein Teddy genau wie ein anderer wäre.

Wenn Sie also einen neuen Teddybären nähen wollen, suchen Sie sich aus den folgenden Vorschlägen einfach einen Kopf, die gewünschten Ohren, einen Körper usw. heraus. Mit Hilfe dieses Baukasten-Systems können Sie schnell und einfach eine Vielzahl neuer Bären entwerfen. Die Grundanleitung für das Nähen und Zusammensetzen Ihres Teddys finden Sie in Kapitel 2.

Verschiedene Schnitte und Gesichter | 17

Achtung:

➤ Alle Schnitte haben keine Nahtzugabe! Bitte geben Sie den Schnitten die von Ihnen gewünschte Nahtbreite zu. Die Nahtzugabe sollte nicht weniger als 4 mm und nicht mehr als 10 mm betragen (siehe auch Seite 12).

➤ Bitte achten Sie beim Zuschneiden immer auf den Fadenlauf des Stoffes. Der in jeden Schnitt eingezeichnete Pfeil zeigt den gewünschten Fadenlauf.

Der Kopf

Bei der Kopfform eines Teddybären läßt sich zwischen verschiedenen Grundformen unterscheiden:

➤ in der Frontansicht: dreieckige Herzform, ovale Eiform oder runde Form.

➤ in der Seitenansicht: flacher oder runder Hinterkopf; lange oder kurze Schnauze.

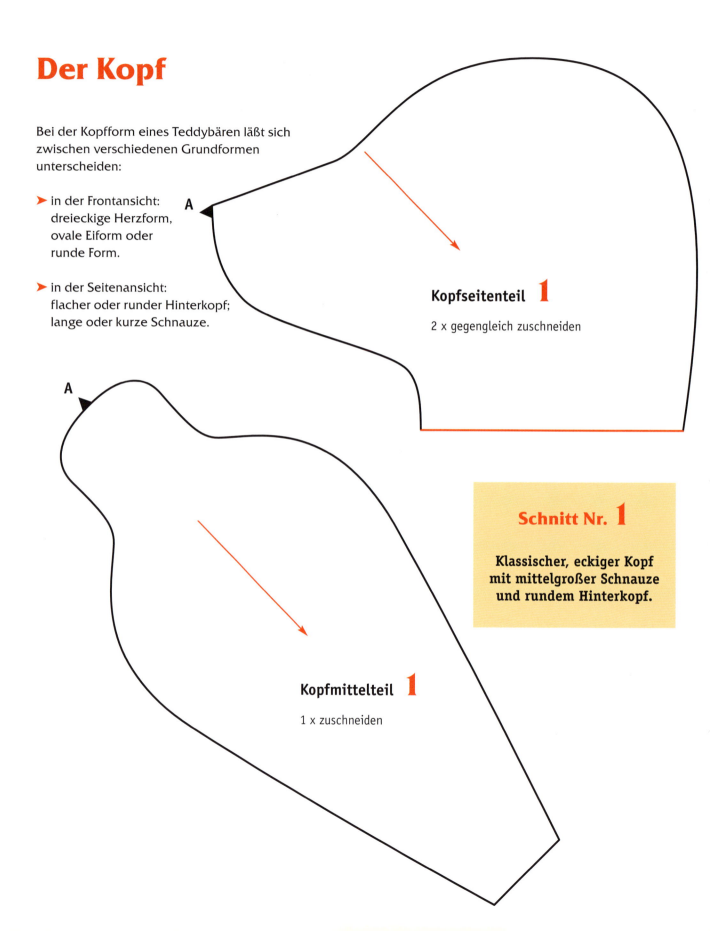

Kopfseitenteil 1

2 x gegengleich zuschneiden

Kopfmittelteil 1

1 x zuschneiden

Schnitt Nr. 1

Klassischer, eckiger Kopf mit mittelgroßer Schnauze und rundem Hinterkopf.

Verschiedene Schnitte und Gesichter | 19

Schnitt Nr. 2

Zierlicher, eckiger Kopf mit kurzer Schnauze und rundem Hinterkopf.

Kopfseitenteil 2

2 x gegengleich zuschneiden

Kopfmittelteil 2

1 x zuschneiden

Kopfmittelteil 3

1 x zuschneiden

Kopfseitenteil 3

2 x gegengleich zuschneiden

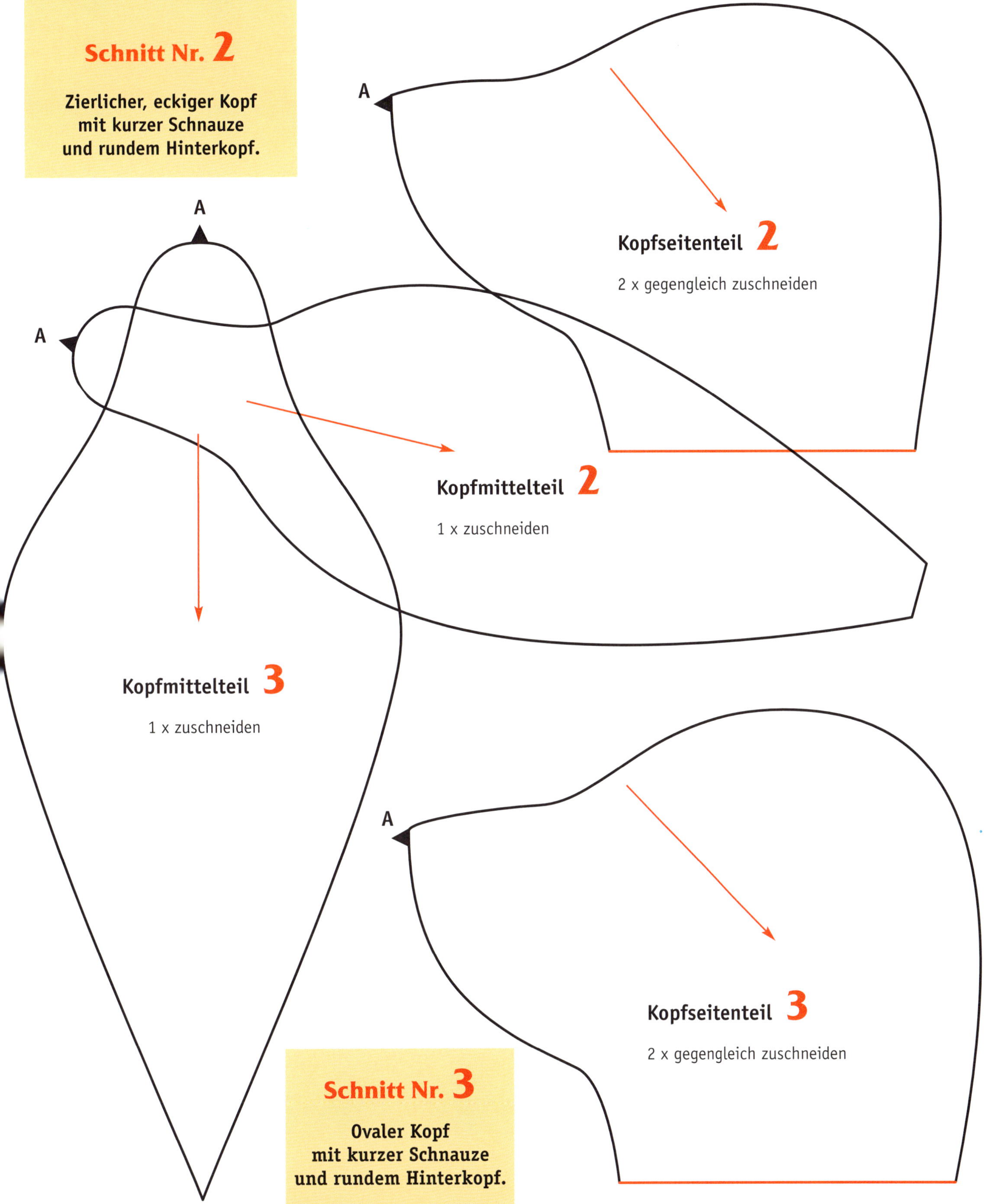

Schnitt Nr. 3

Ovaler Kopf mit kurzer Schnauze und rundem Hinterkopf.

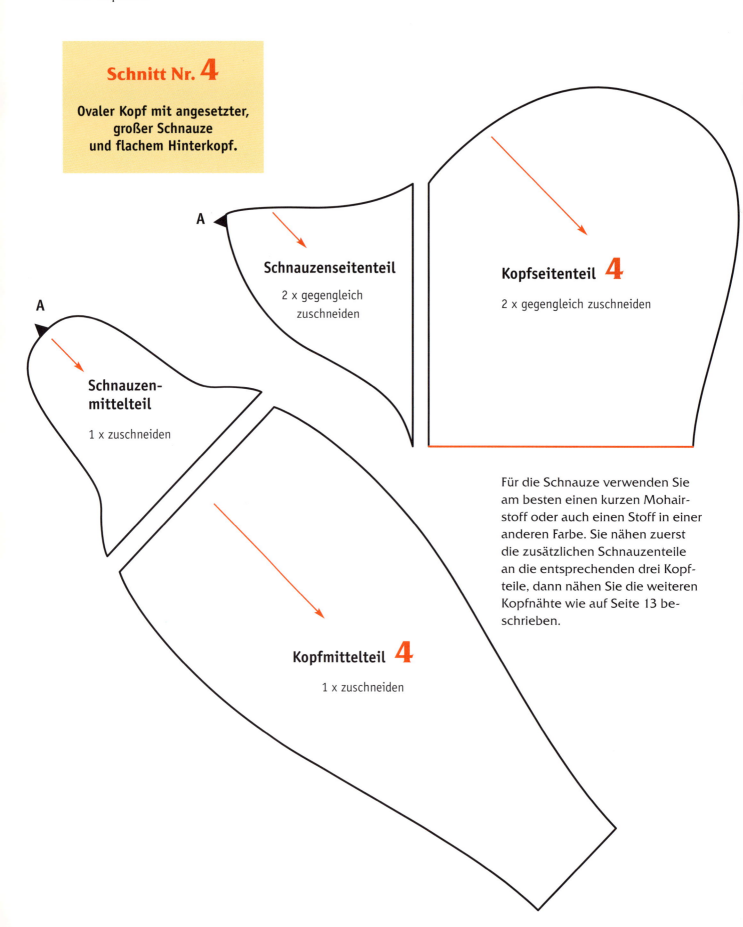

Schnitt Nr. 4

Ovaler Kopf mit angesetzter, großer Schnauze und flachem Hinterkopf.

Schnauzenseitenteil
2 x gegengleich zuschneiden

Kopfseitenteil 4
2 x gegengleich zuschneiden

Schnauzenmittelteil
1 x zuschneiden

Kopfmittelteil 4
1 x zuschneiden

Für die Schnauze verwenden Sie am besten einen kurzen Mohairstoff oder auch einen Stoff in einer anderen Farbe. Sie nähen zuerst die zusätzlichen Schnauzenteile an die entsprechenden drei Kopfteile, dann nähen Sie die weiteren Kopfnähte wie auf Seite 13 beschrieben.

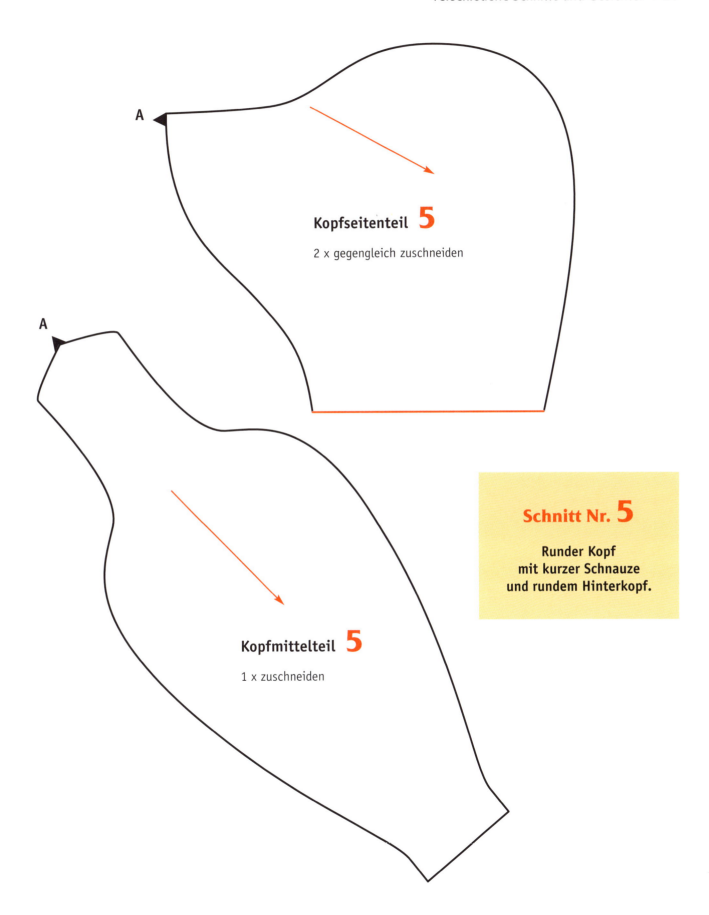

Die Ohren

Alle hier gezeigten Ohrenpaare können in beliebiger Weise mit den unterschiedlichen Kopfformen kombiniert werden.
Jede Ohrform muß natürlich zweimal zugeschnitten werden.

Größe, Form und Position der Ohren beeinflussen das Aussehen eines Bären in besonderer Weise. Da die Ohren zum Schluß an den gestopften Kopf angenäht werden, haben Sie die Möglichkeit, verschiedene Stellungen vor dem Annähen auszuprobieren.

**Als Faustregel gilt:
Kleine, am Kopf weiter hinten sitzende Ohren lassen den Teddy erwachsen wirken, große, vorn sitzende Ohren geben dem Bären einen eher kindlichen Ausdruck.**

Schnitt Nr. 1

Kleine, erwachsene Ohren.

Schnitt Nr. 2

Große, drollige Ohren.

Verschiedene Schnitte und Gesichter | 23

Schnitt Nr. 3

Mittelgroße, klassische Ohren.

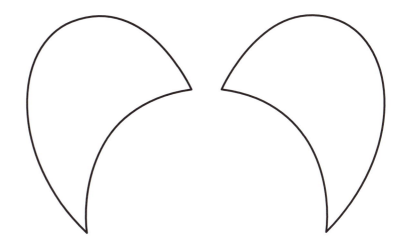

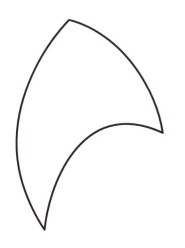

Schnitt Nr. 4

Mittelgroße, spitze Ohren.

Schnitt Nr. 5

Kleine, schmale Ohren.

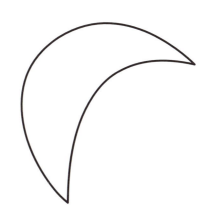

Der Körper

Die Teddy-Körper unterscheiden sich nicht nur in der Größe deutlich voneinander, sondern auch in der Form. Einige Schnitte sind zweiteilig, andere vierteilig. Egal, ob lang oder kurz, mit dickem Bauch oder mit Taille, mit flachem Rücken oder mit Buckel – Sie haben die freie Auswahl.

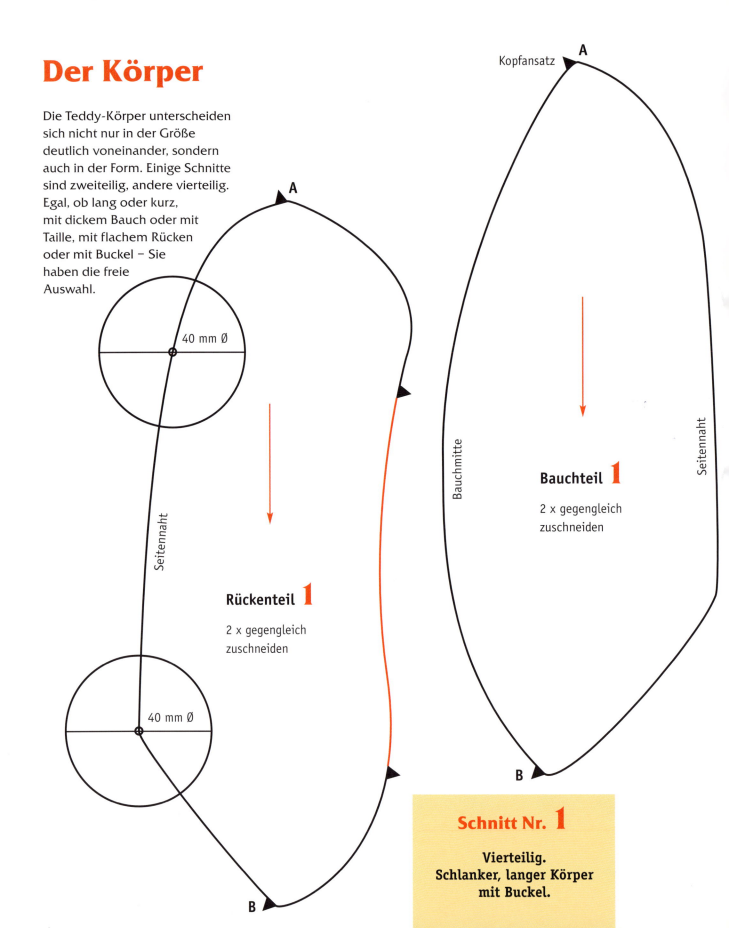

Schnitt Nr. 1

Vierteilig. Schlanker, langer Körper mit Buckel.

Verschiedene Schnitte und Gesichter | 25

Kopfansatz

35 mm Ø

A

Schnitt Nr. 2

**Zweiteilig.
Schlanker, zierlicher Körper
ohne Buckel.**

45 mm Ø

Halsdeckel 3

2 x zuschneiden

Bauchteil 2

2 x gegengleich zuschneiden

35 mm Ø

Abnäher

B

Halsöffnung

35 mm Ø

A

Bauchteil 3

2 x gegengleich zuschneiden

35 mm Ø

B

Schnitt Nr. 3

**Zweiteilig.
Kurzer Körper mit
ausgeprägtem Hinterteil,
ohne Buckel.**

Diese Körperform eignet sich zum Füllen mit Granulat. Durch die zusätzlichen Schnitteile „Halsdeckel" erhält dieser Bär einen längeren Hals und eine freie Schulterpartie. Egal, welchen Kopf Sie zu diesem Körper auswählen, Sie müssen die Halsdeckel von Hand in den Kopf und in die Halsöffnung am Bauchteil einnähen.

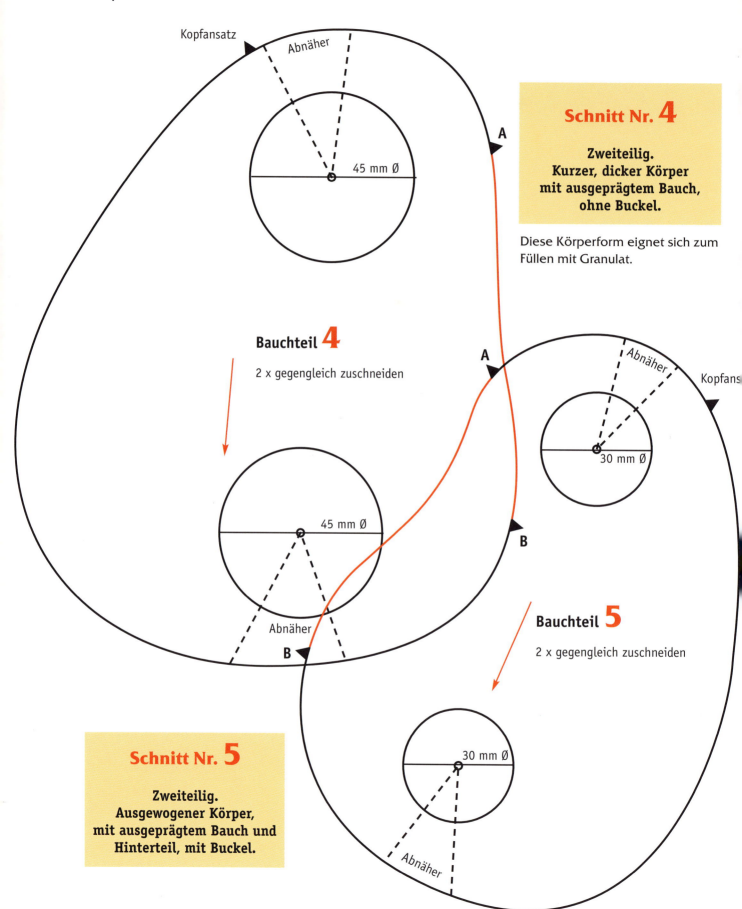

Verschiedene Schnitte und Gesichter | 27

> **Schnitt Nr. 1**
>
> Zweiteilig.
> Ohne Pfoteneinsatz.
> Dicker, kurzer Stumpenarm;
> Pfote rasiert.

Markieren Sie vor dem Nähen mit einem eingezogenen Faden die Pfote am Arm-Innenteil. Bis zu dieser Markierung „rasieren" Sie die Pfote mit einer scharfen Nagelschere.

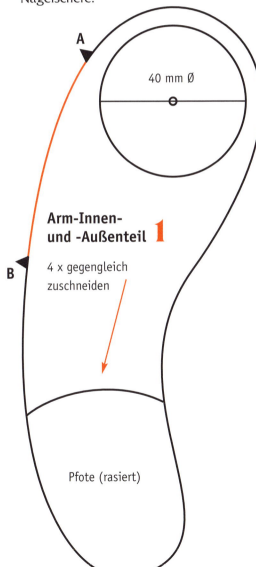

40 mm Ø

Arm-Innen- und -Außenteil 1

4 x gegengleich zuschneiden

Pfote (rasiert)

Die Arme

Wichtigste Unterscheidungsmerkmale der Arme sind die Form und die Länge. Der klassische Teddybär hat lange Arme mit ausgeprägtem Oberarm und große Pfoten. An den verschiedenen modernen Künstlerbären, deren Arme meistens zweiteilig zugeschnitten werden, finden wir die gesamte Palette der Möglichkeiten: kurz und dick, lang und gebogen, große Pfoten mit aufgemalten Tatzen oder mit gestickten Krallen, angesetzte Pfoten aus einem anderen Stoff usw. Es ist nur wichtig, daß alle Komponenten zueinander passen und ein harmonischer Teddy entsteht.

Achtung:
Bei den Schnitten 1 und 3 betrifft die Gelenkmarkierung natürlich nur das Arm-Innenteil.

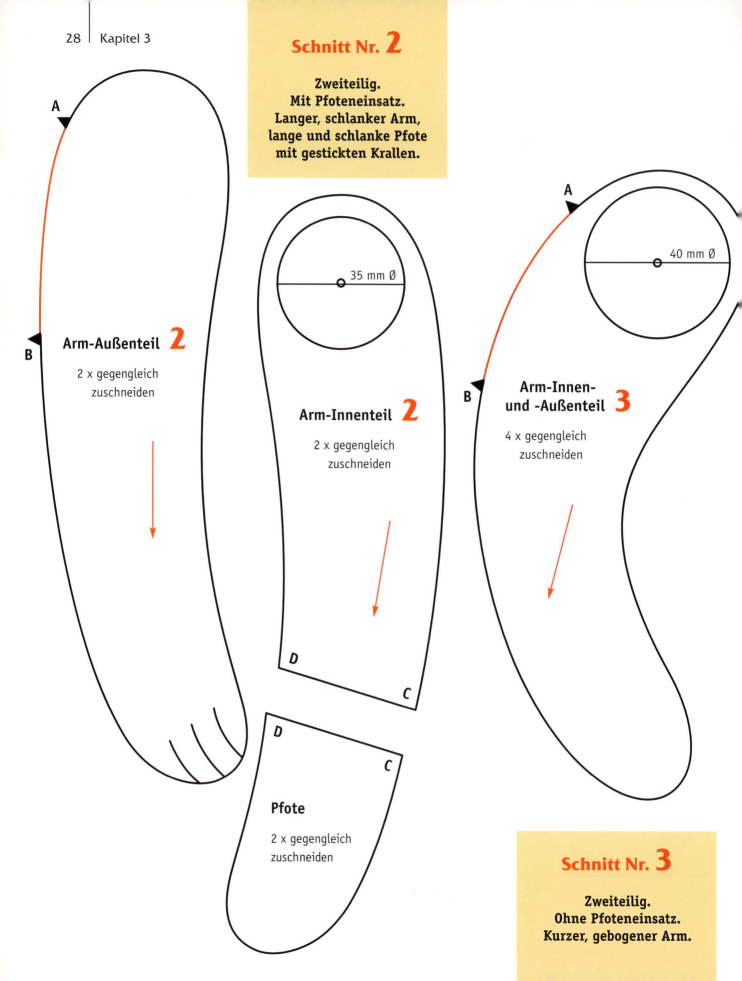

Verschiedene Schnitte und Gesichter | 29

Schnitt Nr. 4

Zweiteilig.
Mit Pfoteneinsatz.
Kurzer, gebogener Arm
mit ausgeprägtem Oberarm;
Pfoten mit
aufgemalten Tatzen.

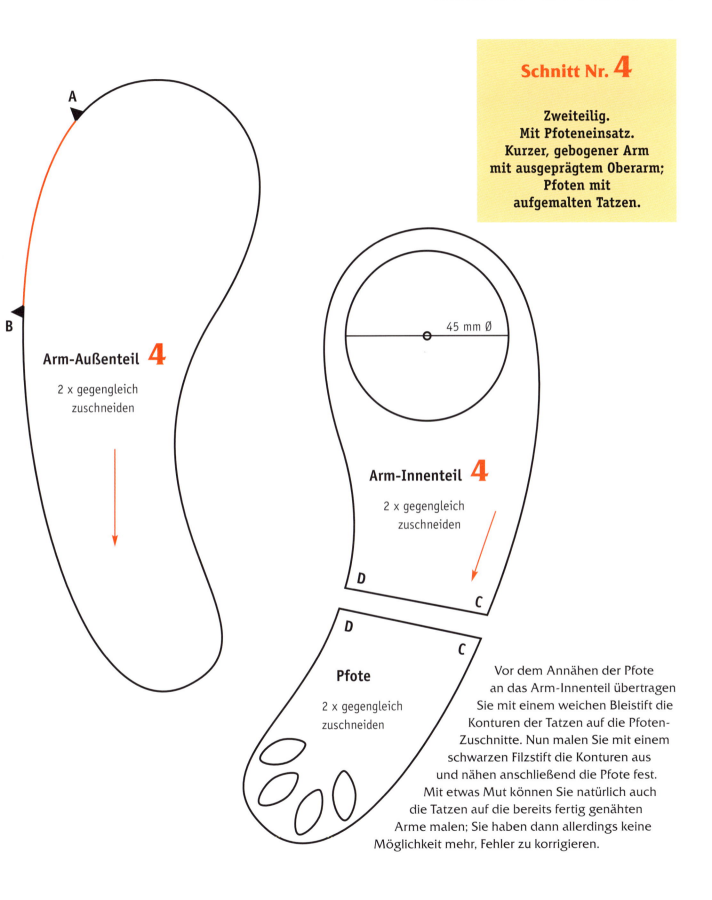

A

B

Arm-Außenteil 4

2 x gegengleich
zuschneiden

45 mm Ø

Arm-Innenteil 4

2 x gegengleich
zuschneiden

D   C

D   C

Pfote

2 x gegengleich
zuschneiden

Vor dem Annähen der Pfote
an das Arm-Innenteil übertragen
Sie mit einem weichen Bleistift die
Konturen der Tatzen auf die Pfoten-
Zuschnitte. Nun malen Sie mit einem
schwarzen Filzstift die Konturen aus
und nähen anschließend die Pfote fest.
Mit etwas Mut können Sie natürlich auch
die Tatzen auf die bereits fertig genähten
Arme malen; Sie haben dann allerdings keine
Möglichkeit mehr, Fehler zu korrigieren.

Schnitt Nr. 5

**Einteilig.
Mit Pfoteneinsatz.
Kurzer, schlanker Arm;
Pfote angewinkelt.**

Auch bei diesem einteiligen Arm nähen Sie zuerst die Pfote an der entsprechenden Stelle ein. Dann schließen Sie die gesamten Außennähte von A bis B.

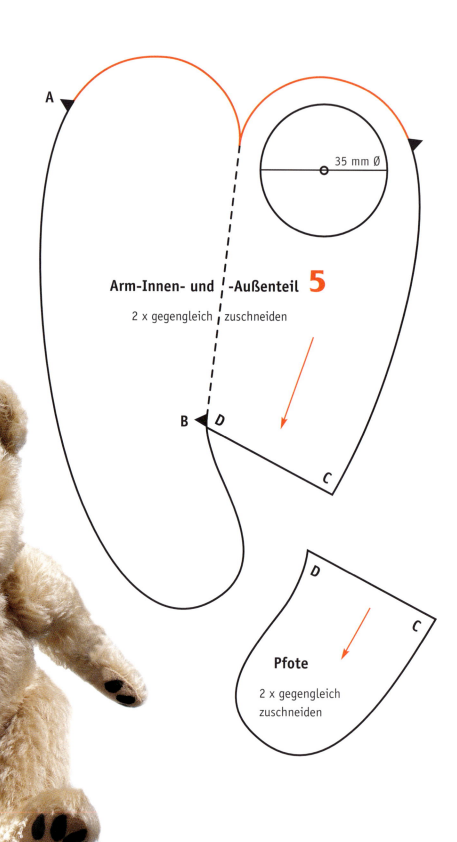

35 mm Ø

Arm-Innen- und -Außenteil 5

2 x gegengleich zuschneiden

Pfote

2 x gegengleich zuschneiden

Verschiedene Schnitte und Gesichter | 31

Die Beine

Für die Beine und die Sohlen gilt dasselbe wie bereits bei den Armen und Pfoten beschrieben. Alles ist möglich: dünne, lange Beine mit großen Füßen, kurze Beine mit starken Oberschenkeln und kleinen Füßen usw. Achten Sie aber darauf, daß Arme und Beine aufeinander abgestimmt sind.

Achtung:
Die Gelenkmarkierung betrifft natürlich nur das Bein-Innenteil.

Schnitt Nr. 1

Zweiteilig.
Mit Sohleneinsatz.
Kurzes, dickes Stumpenbein mit kleinem Fuß.

Schnitt Nr. 2

Zweiteilig.
Mit Sohleneinsatz.
Langes, schlankes Bein mit langem, schlanken Fuß und gestickten Krallen.

Die Krallen werden wie das Gesicht erst zum Schluß auf den fertigen Körper aufgestickt. Zum Sticken verwenden Sie dasselbe Garn wie für das Gesicht. Sticken Sie vier bis fünf Spannstiche nebeneinander in beliebiger Länge.

40 mm Ø

Bein-Innen- und -Außenteil 1

4 x gegengleich zuschneiden

Sohle 1

2 x gegengleich zuschneiden

40 mm Ø

Bein-Innen- und -Außenteil 2

4 x gegengleich zuschneiden

Sohle 2

2 x gegengleich zuschneiden

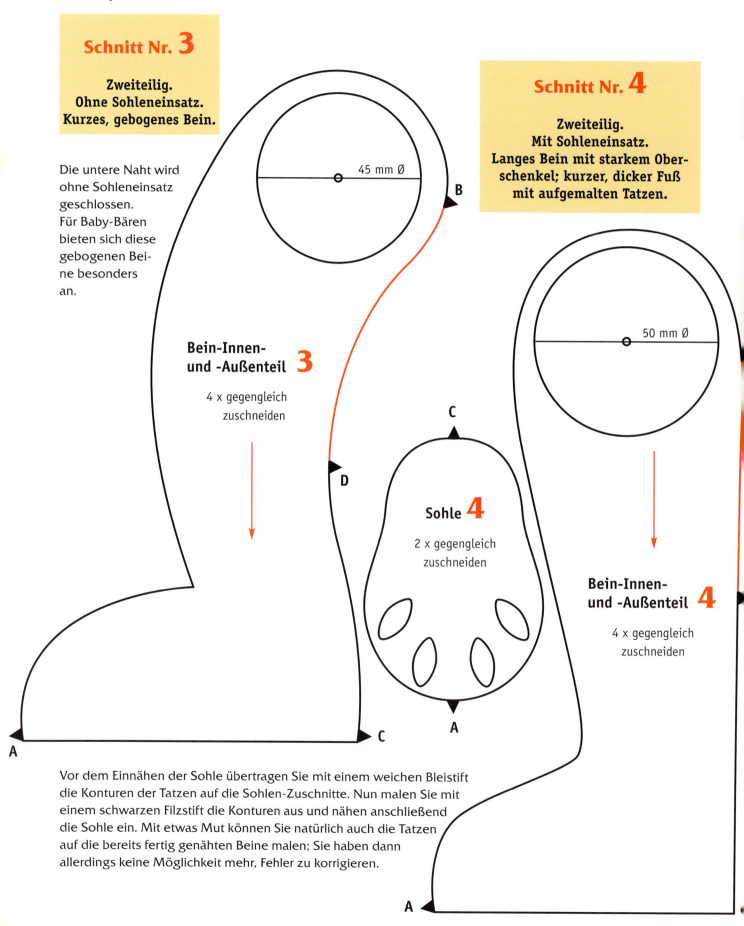

Verschiedene Schnitte und Gesichter | 33

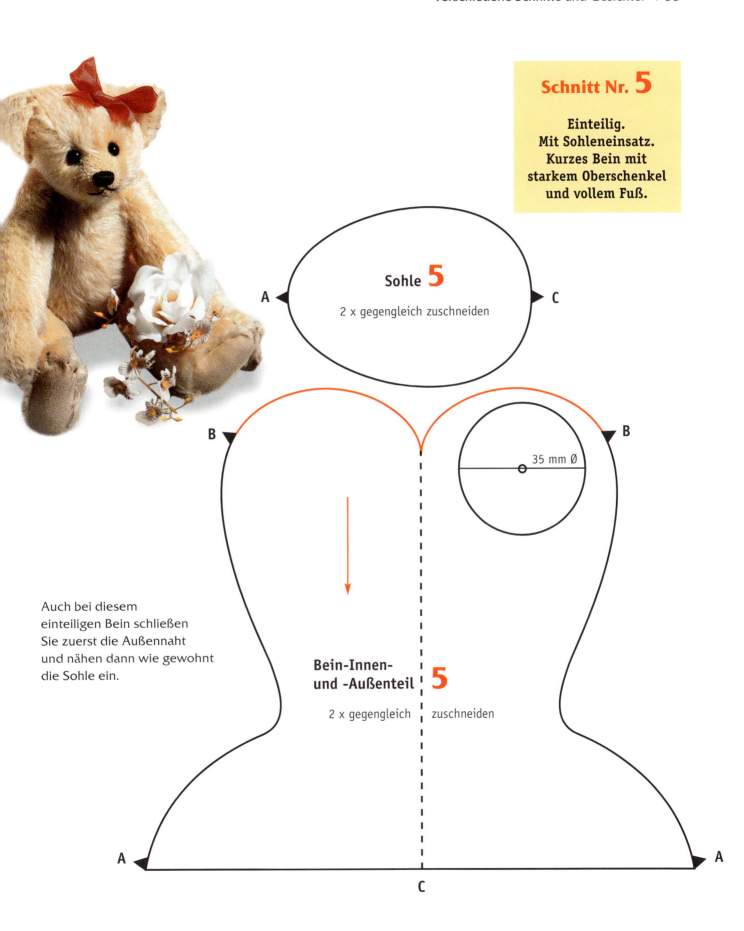

Schnitt Nr. 5

Einteilig.
Mit Sohleneinsatz.
Kurzes Bein mit
starkem Oberschenkel
und vollem Fuß.

Sohle 5
2 x gegengleich zuschneiden

35 mm Ø

Bein-Innen-
und -Außenteil 5
2 x gegengleich zuschneiden

Auch bei diesem einteiligen Bein schließen Sie zuerst die Außennaht und nähen dann wie gewohnt die Sohle ein.

Das Gesicht

Nun kommen wir zu der wichtigsten und interessantesten Arbeit. Für die Form der Nase, den Ausdruck der Schnauze, die Anordnung der Augen und die Plazierung der Ohren müssen Sie die meiste Zeit aufwenden, denn mit dem Fertigstellen des Gesichtes wird Ihr Teddy „zum Leben erweckt".

Mit den oben genannten Attributen erhält der Bär seine Besonderheit und seine Persönlichkeit. Ein Bärenfreund aus der Schweiz sagte mir einmal: „Ein guter Teddy muß jöh schauen". Vielleicht verstehen Sie, was mit diesem „jöh" gemeint ist. Ich sage: „Mein Teddy muß immer so ausschauen, wie ich mich gerade fühle, dann ist er richtig. Der Teddy muß mir das Gefühl geben, daß er mich versteht, daß er sich mit mir freuen und auch mit mir leiden kann."

Die Augen

Prinzipiell gibt es drei Varianten, wie die Teddy-Augen plaziert werden können:

✧ dicht beieinander:
innerhalb der Naht zwischen Kopfmittelteil und -seitenteilen

✧ mit mittlerem Abstand:
auf der Naht zwischen Kopfmittelteil und -seitenteilen

✧ weit auseinander:
außerhalb der Naht zwischen Kopfmittelteil und -seitenteilen

**Als Faustregel gilt hier:
Enge und kleine Augen lassen den Teddy erwachsen wirken, weite und große Augen geben dem Bären einen eher kindlichen Ausdruck.**

Auch hier haben Sie die Möglichkeit, am fertigen Teddy-Kopf zu experimentieren. Sehr hilfreich sind dabei die sogenannten Positionsaugen (siehe Seite 10), die in verschiedenen Größen erhältlich sind und die einfach in den Kopf gesteckt werden. So können Sie die richtige Größe und Plazierung der Augen feststellen, ohne sich gleich festlegen zu müssen.

Befestigung der Augen

Stechen Sie mit dem Dorn an den gewünschten Stellen für die Augen feine Löcher vor. Schieben Sie ein Auge in die Mitte eines langen Stück Zwirns. Die Öse am Auge drücken Sie mit der Spitzzange flach, so daß es tief eingezogen werden kann. Fädeln Sie ein Ende des Zwirns in eine lange Nadel.

Nun stechen Sie mit der Nadel durch den Teddy-Kopf. Fädeln Sie dann das andere Fadenende ein und stechen Sie neben dem ersten Faden durch den Kopf, so daß die beiden Ausstichstellen nur etwa 2 mm auseinanderliegen. Das zweite Auge wird genauso gearbeitet. Die Fäden werden mehrmals fest miteinander verknotet und anschließend mit der langen Nadel im Kopf versenkt.

Um verschiedene Augenstellungen zu erhalten, gibt es wieder drei Möglichkeiten der Befestigung:

1. Die Nadel sticht am Hinterkopf des Teddys in der Mitte des Nackens aus. Die Ausstichstellen für beide Augen liegen nahe beieinander.
Dies ist die klassische Form, der Teddy guckt geradeaus.

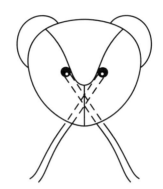

2. Die Nadel sticht jeweils hinter dem gegenüberliegenden Ohr aus.
Der Teddy schaut etwas zur Seite und die Augenpartie wird enger.

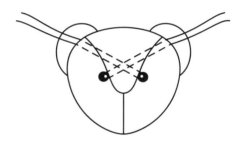

3. Die Nadel sticht unterhalb des Kinns aus. Die Ausstichstellen für beide Augen liegen rechts und links der Halsmittelnaht mit einem Abstand von ca. 2 mm zueinander.
Der Teddy guckt eher nach oben.

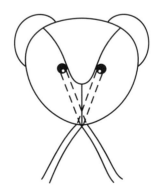

Die Nase und die Schnauze

Bevor Sie mit dem Sticken der Nase und der Schnauze beginnen, müssen Sie entscheiden, ob die Schnauze „rasiert", der Flor des Fells dort also zugeschnitten werden soll oder nicht. Mit dem Rasieren beginnen Sie vorne an der Nasenspitze. Legen Sie die Schere flach an und schneiden Sie die Haare vorsichtig ab. Auch hierbei gibt es viele Variationsmöglichkeiten: Sie bestimmen selbst, ob nur die Nase rasiert sein soll oder das gesamte Gesicht.

Um zu sehen, ob Nase und Schnauze wirklich zusammenpassen, können Sie die unten vorgestellten Varianten folgendem Test unterziehen: Zeichnen Sie die gewünschte Nasen- und Schnauzenform auf zwei Blätter Transparentpapier und legen Sie sie aufeinander. Wenn Ihnen diese erste Kombination nicht zusagt, versuchen Sie eine neue Mischung. Allein dabei haben Sie schon 25 Möglichkeiten zur Auswahl.

Gestickt wird folgendermaßen: Wählen Sie ein passendes Stickgarn aus (siehe Seite 10). Als erstes kommt die Nase. Am einfachsten ist es, wenn Sie dafür eine Schablone verwenden, die Sie sorgfältig ausschneiden und mit Stecknadeln an der entsprechenden Stelle am Teddy befestigen. Nun müssen Sie nur noch exakt über die Schablone sticken.

Sie beginnen in der Mitte und arbeiten symmetrisch nach außen. Setzen Sie die Stiche dicht an dicht nebeneinander.

Die Schnauze beginnen Sie an der Mitte der gestickten Nase, führen den Faden nach unten und stechen in Punkt A ein. Bei Punkt B kommen Sie wieder heraus, verschlingen die beiden Fäden einmal und stechen bei Punkt C wieder ein. Nun machen Sie noch einige Stiche an der Nase und vernähen den Faden.
Bei den Varianten 1 und 3 fügen Sie an den Punkten A und B noch kleine Aufwärtsstiche hinzu, damit Ihr Teddy lächelt.

Die Nasen

Variante 1

Variante 2

Variante 3

Variante 4

Variante 5

Die Schnauzen

Variante 1

Variante 2

Variante 3

Variante 4

Variante 5

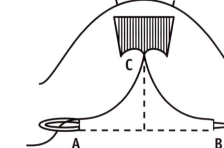

Fünf Teddybären als Beispiele

Die fünf verschiedenen Teddybären, die in diesem Kapitel vorgestellt und kurz charakterisiert werden, sind alle aus den in Kapitel 3 beschriebenen Variationsmöglichkeiten zusammengestellt worden. Ganz bewußt habe ich bei allen Teddys das gleiche Fell verarbeitet. Die Wirkung und der Ausdruck der verschiedenen Schnitte und Gesichtsvarianten läßt sich so deutlicher darstellen. Aus anderen Fellen, egal ob kürzer, länger, dünner, dichter, geknautscht, gekräuselt, in einer anderen Farbe... wäre es immer wieder ein anderer, neuer Bär.

Beispiel 1: Alfred

Alfred wirkt durch die Größe und die Stellung der Augen recht erwachsen. Sein Mensch könnte gut Akademiker sein, denn einiges von dem Wissen scheint Alfred sich angeeignet zu haben.

Schnitte

Kopf	Nr. 1	Beine	Nr. 1
Ohren	Nr. 1	Nase	Nr. 1
Körper	Nr. 1	Schnauze	Nr. 4
Arme	Nr. 1	Augen	weit auseinander

Material

Stoff:
Ca. 70 x 30 cm, inkl. Pfoten

Pfotenstoff:
Es wird der normale Mohairstoff verarbeitet und rasiert.

Gelenke:
6 Pappscheiben, 35 mm (Kopf, Arme, Beine)
4 Pappscheiben, 30 mm (Bauch)
10 Beilagscheiben
5 Splinte

Augen:
Glasaugen, schwarz, 8 mm

Füllmaterial:
Polyester-Füllwatte

Nasengarn:
Perlgarn, schwarz

Beispiel 2: Marlene

Marlene ist ein typisches Bären-Mädchen mit zierlichem Körper und kleinem Köpfchen. Mit dem Stupsnäschen und den dunklen Kulleraugen bekommt sie von ihrem Menschen, was sie will.

Schnitte

Kopf	Nr. 2
Ohren	Nr. 3
Körper	Nr. 2
Arme	Nr. 2
Beine	Nr. 2
Nase	Nr. 3
Schnauze	Nr. 2
Augen	mittlerer Abstand

Material

Stoff:
Ca. 70 x 30 cm

Pfotenstoff:
Ca. 25 x 10 cm Velourleder-Ersatz

Gelenke:
6 Pappscheiben, 35 mm (Kopf, Arme, Beine)
4 Pappscheiben, 30 mm (Bauch)
10 Beilagscheiben
5 Splinte

Augen:
Glasaugen, schwarz, 8 mm

Füllmaterial:
Polyester-Füllwatte

Nasengarn:
Perlgarn, schwarz

Beispiel 3: Hans

Hans ist ein Baby. Die gebogenen Arme und Beine und die großen Augen über dem putzigen, herzförmigen Näschen unterstreichen diesen Charakter.

Schnitte

Kopf   Nr. 3
Ohren   Nr. 3
Körper   Nr. 3
Arme   Nr. 3
Beine   Nr. 3
Nase   Nr. 1
Schnauze   Nr. 1
Augen   weit auseinander

Material

Stoff:
Ca. 70 x 30 cm, inkl. Pfoten

Gelenke:
6 Pappscheiben, 40 mm (Kopf, Arme, Beine)
4 Pappscheiben, 35 mm (Bauch)
10 Beilagscheiben
5 Splinte

Augen:
Glasaugen, schwarz, 10 mm

Füllmaterial:
Schafwolle

Nasengarn:
Perlgarn, schwarz

Beispiel 4: Heinrich

*Heinrich ist ein schlanker, langbeiniger Teddy.
Er ist ein sehr wacher und aufmerksamer Geselle, überaus interessiert an allem, was sein Mensch gerade macht.*

Schnitte

Kopf	Nr. 4
Ohren	Nr. 5
Körper	Nr. 4
Arme	Nr. 4
Beine	Nr. 4
Nase	Nr. 3
Schnauze	Nr. 5
Augen	weit auseinander

Material

Stoff:
Ca. 70 x 30 cm

Pfotenstoff:
Ca. 25 x 10 cm Velourleder-Ersatz

Gelenke:
6 Pappscheiben, 45 mm (Kopf, Arme, Beine)
4 Pappscheiben, 40 mm (Bauch)
10 Beilagscheiben
5 Splinte

Augen:
Glasaugen, schwarz, 10 mm

Füllmaterial:
Polyester-Füllwatte

Nasengarn:
Perlgarn, schwarz

Beispiel 5: Peter

Peter ist ein kleiner, fröhlicher Bär mit einem strahlendem Lächeln. Die übergroßen Ohren und sein treuherziger Blick bringen jeden Gletscher zum Schmelzen.

Schnitte

Kopf	Nr. 5
Ohren	Nr. 2
Körper	Nr. 5
Arme	Nr. 5
Beine	Nr. 5
Nase	Nr. 4
Schnauze	Nr. 3
Augen	mittlerer Abstand

Material

Stoff:
Ca. 70 x 30 cm

Pfotenstoff:
Ca. 25 x 10 cm Velourleder-Ersatz

Gelenke:
6 Pappscheiben, 35 mm (Kopf, Arme, Beine)
4 Pappscheiben, 30 mm (Bauch)
10 Beilagscheiben
5 Splinte

Augen:
Glasaugen, schwarz, 8 mm

Füllmaterial:
Holzwolle und Granulat (Bauch)

Nasengarn:
Perlgarn, schwarz

Das beschriebene Material erhalten Sie in guten Fachgeschäften. Sollten Sie bei der Materialbeschaffung oder bei der Umsetzung Probleme haben, können Sie sich jederzeit an mich wenden:

Helga Schepp
Postfach 55 02 16
44210 Dortmund

> Die Deutsche Bibliothek –
> CIP-Einheitsaufnahme
> **Teddybären selber machen** : alle Schnitt-
> muster in Originalgröße / Helga Schepp. –
> Augsburg : Augustus-Verl., 1999
> ISBN 3-8043-0642-X

Das Werk einschließlich aller seiner Teile ist urheberrechtlich geschützt. Jede Verwertung außerhalb des Urhebergesetzes ist ohne Zustimmung des Verlages unzulässig und strafbar. Das gilt insbesondere für Vervielfältigungen, Übersetzungen, Mikroverfilmungen und die Einspeicherung und Verarbeitung in elektronischen Systemen.

Es ist deshalb nicht gestattet, Abbildungen dieses Buches zu scannen, in PCs oder auf CDs zu speichern oder in PCs/Computern zu verändern oder einzeln oder zusammen mit anderen Bildvorlagen zu manipulieren, es sei denn mit schriftlicher Genehmigung des Verlages.

Die im Buch veröffentlichten Ratschläge wurden von Verfasserin und Verlag sorgfältig erarbeitet und geprüft. Eine Garantie kann dennoch nicht übernommen werden. Ebenso ist eine Haftung der Verfasserin bzw. des Verlages und seiner Beauftragten für Personen-, Sach- und Vermögensschäden ausgeschlossen.

Jede gewerbliche Nutzung der Arbeiten und Entwürfe ist nur mit Genehmigung von Verfasserin und Verlag gestattet.

Bei der Anwendung im Unterricht und in Kursen ist auf dieses Buch hinzuweisen.

Fotografie: Klaus Lipa, Augsburg
Graphiken: Petra Körner, Augsburg
Lektorat: Margit Bogner
Umschlagkonzeption: Kontrapunkt, Kopenhagen
Layout: Anton Walter, Gundelfingen
Herstellung und Umschlaglayout:
Charmaine Müller

Augustus Verlag Augsburg 1999
© Weltbild Ratgeber Verlage GmbH & Co. KG.

Satz: Gesetzt aus 10 Punkt FrizQuadrata von DTP-Design Walter, Gundelfingen
Reproduktion: Repro Ludwig, A-Zell am See
Druck und Bindung: Appl, Wemding

Gedruckt auf 115 g umweltfreundlich chlorfrei oder elementar chlorfrei gebleichtes Papier.

ISBN 3-8043-0642-X

Printed in Germany